RÉPUBLIQUE

OU

MONARCHIE

PAR

Dieudonné GIRARD.

GRASSE , TYPOGRAPHIE H. IMBERT.

de l'ennemi. La République, jetant instantanément un désarroi complet dans tous les rouages des administrations, paralysa la défense. La jeune République n'avait pas enfanté, en présence des dangers que la nation courait, des hommes aussi audacieux et énergiques que son aïeule. Au lendemain du jour où le Comité de la Défense Nationale avait ressaisi la forme de pouvoir que nos pères ont immortalisée en 92, il tourna les yeux autour de lui, appelant à grands cris des défenseurs et un sauveur ; mais, hélas, les mâles tribuns de la Convention et les généraux imberbes qu'elle avait improvisés étaient couchés sous la froideur des marbres : Hoche et Marceau dormaient leur sommeil éternel.

Meurtrie et désarmée, la France succomba après une agonie longue et terrible. Non content de l'avoir frappée au cœur avec des armes inégales, le dur et farouche Germain osa fouler, d'un pas pesant et couvert de sang, l'âme de la patrie : la Capitale agonisante. Debout sur le dôme des Invalides, un Génie aux ailes déployées, brandissait une épée nue, montrant au loin, à l'étranger, la route et le pont d'Iéna.

Cependant, ne désespérons pas de la vitalité de notre pays ; de beaux jours luiront encore pour lui, et nos enfants n'oublieront pas, en jetant les yeux sur l'histoire, que leurs pères foulèrent victorieux, il n'y a pas un siècle, les routes qui sillonnent le vaste empire Germanique.

République ou Monarchie ; Tels sont les deux gouvernements que la France pèse chaque jour dans la balance de l'avenir. Gouvernements qui, mis en présence l'un de l'autre depuis bientôt trois années, se contrebalancent faiblement jusqu'au jour où le peuple, arrachant le bandeau qui lui cache la lumière, se jettera de nouveau dans les bras des descendants de Charles VII et de Henri IV.

Démembrée aujourd'hui en perdant deux provinces par l'incapacité de ses chefs, la France demeure une victime redoutable ; elle se recueille et attend : elle attend le jour où, sous la conduite des fils de nos rois, elle volera à la revanche. Le jour où, abrités par l'étendard aux fleurs de lys, nos bataillons, retrouvant leur ancienne valeur d'Arques, d'Ivry, de Lens et de Rocroi, iront d'un pas alerte et joyeux venger sur le sol ennemi l'outrage fait à la patrie. Car sous la bannière du roi, les haines et les divisions auront disparu ; dans la nation, la confiance et la richesse auront progressé parce qu'il n'y aura plus qu'un maître. C'est alors que l'on verra revivre les grands hommes de la vieille monarchie, et que de nouveau, la reine des nations : la France, marchera hardiment au progrès.

Après avoir dépeint à grands traits les causes principales de nos désastres de 1870, désastres légués par l'Empire, et dont ils furent les justes conséquences, il nous reste à chercher et à établir de quelle manière la royauté et la religion sont nécessaires au bonheur de la France.

RELIGION ET ROYAUTÉ

Religion et Royauté : Voilà les deux principes indispensables au bonheur de la France. Avec la religion nous supporterons plus facilement les leçons dont la divine Providence nous frappera ; avec la royauté nous serons plus à même de relever la tête au jour du pardon. La Société, dès son apparition sur la terre, reçut de l'Éternel un dogme de foi qui nous enseigne et nous apprend l'existence d'un Être suprême et qui nous marque la route à suivre pour lui rendre hommage. Dieu voulut ainsi que dans son exil ici-bas, l'homme n'oublia pas son origine divine, et que tous ses actes fussent marqués du sceau de son créateur, voulant par là qu'il en reconnut et en acceptât l'influence dans son histoire. Maître tout-puissant sur la terre comme aux cieux, l'Eternel, en créant les hommes, les astreignit à suivre certaines règles, hors desquelles il ne peut y avoir que dissensions et ténèbres. Il ordonna que la souveraineté sur toutes les créatures pensantes fut représentée par un petit nombre auxquels il promet son concours, leur déléguant une partie de ses pouvoirs. Ces hommes et ces familles que Dieu choisit prirent le nom de Rois.

La Religion nous apprend dans son histoire que sitôt que le peuple de Dieu eut pris possession du pays que lui avaient promis les prophètes au nom de l'Eternel, Dieu se hâta de donner une forme plus auguste au gouvernement de son peuple, la Royauté fut affermie dans la maison de David ; ce prince nous apprend

son élévation par ces paroles : « *Dieu choisit les princes dans la maison de Juda, dans la maison de Juda il
choisit mon père, parmi les enfants de mon père, il lui
plût de m'élire Roi sur tout son peuple d'Israël.* » C'est
donc par la Royauté que Dieu a voulu que son peuple
de prédilection fût gouverné. Nous apprenant par cet
exemple que cette volonté s'adresse à tous les peuples,
et que la Royauté est d'essence divine, il en relève et
consolide le principe en permettant que son fils bien-
aimé tirât son origine de la maison de David. En effet,
la religion et l'histoire nous enseignent que le Verbe
naquit Dieu et Roi. Cette communion de la divinité et
de la royauté devait désormais être le lien indissoluble
qui unissait sur la terre ces deux pouvoirs. C'est donc
pour avoir méconnu ce pouvoir légal, pour avoir dé-
chiré le pacte de Clovis, que la France marche incer-
taine depuis bientôt un siècle dans la voie des nations ; se heurtant à chaque pas aux barrières et aux
embûches que dressent au devant d'elle l'irréligion et le
scepticisme.

La France décroit et végète, conduite par certains
hommes aux vues coupables et dangereuses. Qui de
nous se refuserait de voir dans les luttes continuelles
que nous soutenons, et auxquelles on craint de suc-
comber, ces paroles de l'Evangile : « *hors de l'Eglise,
point de salut,* » c'est donc la religion qui de concert
avec l'autorité légitime du royaume, doit diriger le
vaisseau de l'Etat, et enlever au peuple sa puissance
souveraine.

Le pouvoir doit être unitaire et non se subdivi-
ser, Dieu seul ayant le droit de transmettre à un seul
homme une partie de ses attributions ; lui seul pou-

vant choisir un représentant de l'autorité divine, dont la mission fut de gouverner les hommes en son nom, représentant légitime, mais devant lui rendre un compte sévère de ses actes et de ceux de son peuple. C'est donc une autorité émanant d'une source éternelle et divine que les Rois reçoivent, les jours où ils sont appelés à gouverner les peuples. Leurs responsabilités sont plus ou moins grandes parce qu'elles sont subordonnées aux actes qu'ils accomplissent en vue du bonheur et de la prospérité publique. Il est donc certain que nous ne retrouverons notre ancienne grandeur et la paix intérieure qu'au jour, où répudiant avec courage tout pouvoir de compromis, nous retournerions avec une soumission inébranlable sous l'autorité légitime de la royauté, pouvoir qui ne peut être grand, fort et respecté qu'en s'appuyant résolument et sans détour sur la religion, qui en est la base première et éternelle ; c'est donc par notre confiance et notre soumission à Dieu et au Roi que nous éviterons tout bouleversement social, et délivrerons le pays de toutes les agitations périodiques qui le minent et le conduisent à une ruine certaine.

Tel est la double mission que la royauté et la religion doivent poursuivre pour le salut de la France.

La France Catholique

Chaque peuple a une mission à remplir ici-bas. Sa fortune politique et religieuse prospère ou diminue selon l'ardeur ou l'indifférence qu'il montre ou déploie. Comme nous l'enseigne l'Écriture ; tout a été créé pour concourir à la plus grande gloire de Dieu, et celui qui n'y travaille pas selon ses moyens est coupable, et ne remplit pas la tâche pour laquelle il a été créé. De même que tout dans la nature concourt et coopère à l'harmonie et à l'existence de la création, les Empires ont leurs routes tracées par la main du Seigneur. Sans nous occuper des autres peuples, cherchons à établir à grands traits le rôle que la France est appelée à remplir parmi les nations. Etablissons par les faits principaux de son histoire la conduite qu'elle a toujours tenue et de laquelle elle ne déviera pas. De cette étude courte et concise, nous apprendrons d'une manière certaine et irréfutable que la France fût de tout temps le plus ferme appui de la Religion ; que sa croyance et ses institutions furent toujours conformes aux dogmes enseignés par le catholicisme. Efforts constants à secourir l'Eglise qui lui valurent de la part du grand poète Shakspeare le beau nom : « *La France est le premier soldat de Dieu.* » Cherchons quelle fût la cause principale qui attira sur elle les regards du Seigneur. Méconnu par les Juifs et attaché au gibet, le Messie, envoyé de Dieu par son père pour nous enseigner sa nouvelle doctrine (ainsi que l'avaient annoncé les patriarches et les prophètes) vou-

lut se choisir un autre peuple, après l'accomplissement
du crime de déicide consommé sur le Golgotha. Couverts
de l'opprobre général, et condamnés à errer jusqu'à la
fin des siècles au milieu des nations épouvantées, les
Hébreux, abandonnés de Dieu, disparurent de la scène
du monde et leur puissance et leur mission échurent à
un autre peuple. De l'orient, le glaive passa à l'occi-
dent, et le pacte divin fût scellé à Tolbiac.

Complètement battu et près d'abandonner le royaume, Clovis, sur qui Dieu avait jeté les yeux pour devenir le chef du nouveau peuple, relève ses regards vers
les cieux et implore l'assistance divine. Il jure d'adorer
le Dieu de Clotilde si la victoire revient à lui. Tout à
coup la fortune change ; les Germains reculent, et leur
défaite assure à Clovis la libre possession des provinces
envahies. Quelques jours après, les paroles immortelles
que prononçait St-Rémy: « *Baisse la tête, fier Sicam-
bre, brûle ce que tu as adoré ; adore ce que tu as
brûlé* ». scellèrent le pacte divin qui confiait aux Gaulois l'héritage des Hébreux. Clovis et Tolbiac léguaient
aux Francs le droit divin.

Désormais, la France, fille aînée du Christianisme,
demeura, dans les mains du Seigneur, la barrière qu'il
opposait à l'ambition des peuples infidèles et l'instru-
ment dont il se servit pour élever ou détruire les empires. Les Huns, sous la conduite d'Attila, vinrent se
heurter contre le nouveau royaume de Dieu, mais l'É-
ternel les arrêta dans les plaines de Châlons.

Quelques années après, une nouvelle invasion des
Maures menace la Religion. A demi vaincue, la France
est impuissante à les contenir ; c'est alors qu'apparaît
de nouveau la protection divine : le Seigneur envoie

au devant des infidèles Charles-Martel qui les écrase et les disperse sous les murs de Poitiers. Cette victoire mémorable fût un signe certain de sa protection donné au peuple et à la Religion. La défaite des chrétiens aurait retardé de longtemps l'influence toujours croissante du Christianisme.

Sans cesse menacé de nouvelles persécutions, continuellement en butte aux exigences de voisins turbulents, le chef suprême de la religion ne pouvait ni la faire respecter, ni lui assurer son entière indépendance. Dieu ordonna de nouveau à son peuple de défendre ses intérêts ; l'on vit alors le grand empereur accourir au secours de Léon III, et les Etats de l'Eglise, reconnus solennellement par tous les princes de l'univers, devenir l'héritage définitif et assuré du chef de la Religion. Maintenant en ses mains puissantes les rênes de plusieurs Etats, Charlemagne marquait de nouveau le rôle de la France en Europe, et, par son don impérial au Souverain Pontife, enlevait aux autres peuples toute revendication sur le territoire qu'il cédait volontairement ; ordonnant en même temps à ses descendants de faire respecter sa volonté. Cette belle conduite, ratifiée et acceptée par le peuple d'alors, n'engage-t-elle pas la France d'aujourd'hui. Aurions-nous par hasard perdu tous nos droits sur les provinces conquises au prix de notre sang ; n'avons-nous pas le droit de faire observer les clauses dictées par nos pères, en repoussant cette spoliation accomplie sans notre consentement ?

Vous voyez ainsi le rôle actif joué par la France dans les empires et la religion. Elle a toujours manifesté de son dévouement à l'Église, même en la protégeant par ses armes ; lui assurant jusqu'à nos jours son concours énergique. N'est-ce pas elle aussi qui, au moyen-

âge, donna le signal de cette intervention opiniâtre que
tous les peuples partagèrent et dont le but toujours
chrétien était la délivrance des Saints Lieux. Ce fut sur
notre sol, à Clermont, que l'intrépide Pierre l'Ermite
fit retentir pour la première fois son appel suppliant
en faveur des chrétiens persécutés en Orient. Le peuple et la noblesse acceptèrent avec joie cette nouvelle
mission lointaine aux cris immortels de : *Dieu le veut*,
Dieu le veut !

Ainsi que nous l'apprend l'histoire, il ne pouvait être
accordé à aucun autre peuple d'avoir la gloire de lever
l'étendard pour la religion. C'était la France seule qui
pouvait et devait en donner le signal. Sa mission, depuis Clovis, était de veiller au salut de l'Eglise. Fidèle
à sa promesse, elle a, jusqu'aujourd'hui, combattu pour
la foi, méritant ainsi le nom que lui avait donné le
Seigneur. Oubliant sa mission, détournée par l'influence
passagère de principes vicieux et athées, elle ne tar-
dera pas, sur l'ordre de Dieu même, d'anéantir les erreurs qu'elle laisse introduire dans son sein, et de re-
venir aux principes qui firent sa force, et de défendre
désormais la cause de Dieu, sous le drapeau de la
royauté. Catholique malgré les protestations de quel-
ques-uns, elle ne peut et ne doit méconnaître les volontés de Dieu qui place sa force en elle et conduit les
empires avec le concours de la France catholique.

Histoire de la Monarchie

Gesta Dei per Francos.

Complétant l'œuvre de Clovis, Charlemagne releva la France et lui donna le premier rang parmi les nations. Mais, loin de consolider et d'étendre le vaste héritage de leur père, ses fils furent impuissants à le faire respecter ; l'on vit les rois qui se succédèrent occupés de choses futiles, se laissant enlever, provinces par provinces, une partie du vaste empire.

Attaquée de toutes parts jusqu'au règne de Louis XIV, la France est abandonnée à elle-même et descend maintes fois à deux doigts de sa perte. Bloquée par l'Europe coalisée contre elle, le péril devient imminent ; mais Dieu qui veille sur elle et qui lui a promis qu'elle ne périrait pas, lui donne la victoire, écrasant l'ennemi et le dispersant par les armes de Condé et de Turenne. Le traité de Westphalie rend à la France son ancienne grandeur et ouvre à la monarchie une ère nouvelle de splendeur. Marchant désormais sous la même bannière, les Etats tributaires et les grands feudataires de la couronne obéissent à un seul chef : au Roi, et n'ont plus qu'une patrie : la France.

Divisé jusqu'alors en provinces et commandé par les grands vassaux de la couronne, le territoire s'était morcelé et formait plusieurs Etats dans l'Etat. Quelquefois les uns se révoltaient contre l'autorité royale et troublaient l'ordre public ; mais aux grands jours où il fallait lutter contre un ennemi commun, tous venaient

obéir au monarque suzerain et vaincre ou mourir pour
la cause royale. Ce fut durant les guerres nationales que
l'histoire enregistra nos plus beaux faits d'armes. C'est
sous les yeux du roi que les Jeanne d'Arc, les Xain-
trailles, les Crillon, les Bayard, les Condé, les Turenne,
et tant d'autres, ont immortalisé leur mémoire et pré-
paré l'unité de la Monarchie. C'était abrités par l'étendard aux fleurs de lys que tous, généraux et soldats,
tombaient courageusement, montrant à leurs frères
d'armes le chemin oublié de la victoire. Tous puisaient
dans leur ardent amour pour la patrie cette abnégation
et ce dédain de la vie qui immortalisèrent le chevalier
d'Assas. Quelques écrivains ont appelé folie ces trépas
glorieux, mais la postérité, juge impartial, a décerné à
ces victimes de l'honneur et du devoir, la couronne des
martyrs et les a proclamés des héros. La monarchie
nous a conservé le nom de cette légion de glorieux soldats. Tous sont tombés sans haine et sans colère, n'am-
bitionnant pour récompense que la gloire d'avoir versé
leur sang pour la patrie. C'est par une soumission
aveugle aux volontés royales, par un accord spontané
des grands, divisés la veille, que la France, si grande,
si respectée par l'étranger, a toujours conjuré les orages
ammoncelés sur elle et conservé le premier rang. C'est
par l'application de quinze siècles de ce principe que la
Monarchie a triomphé de tous les obstacles et sera
crainte et respectée jusqu'à la fin des siècles. Combien
de fois n'a-t-elle pas combattu ou protégé des peuples
qui ne sont plus ou qui tendent à disparaître. Ces
Empires tombés de leur puissance avaient terminé leurs
missions et la Divinité les rejetait dans le néant, duquel elle les avait tirés. Il faut excepter le St-Siège
dont, sous peu, nous serons les premiers à reconnaître
l'indépendance. Tandis que la France, fidèle à sa mis-

sion, demeure intacte malgré les ébranlements passagers qui l'agitent.

N'oublions pas, comme je l'ai déjà dit, que le royaume n'a pas été fait de main d'homme, et que sa vitalité et son existence reposent sur la Religion.

S'imposant aux nations après la victoire de Soissons, la France parle en maître par la voix de Pépin ; dispose de l'Europe sous Charlemagne ; défend ses institutions, ses lois et son territoire sous Philippe-Auguste, Charles VII et Louis XIV ; parcourt victorieuse l'ancien continent sous Bonaparte ; attendant aujourd'hui, malgré ses désastres, que Dieu ait parlé. Toujours prête à rentrer dans la lice quand son intervention est nécessaire à l'équilibre européen, ou si l'on porte atteinte à son existence politique. Telle est à grands traits l'histoire de la nation Française. Histoire trop connue de ses enfants pour que je rappelle ici tous les événements importants qui, à différentes époques, ont menacé l'existence de la Monarchie, laissant à tous le soin d'apprécier, à leur point de vue, par quelle protection spéciale elle a évité le naufrage, sûr que tous les jugements seront égaux et que l'on pourra attribuer cette continuelle succession de faits et d'actes, venant toujours consolider la royauté, à la protection divine.

COMMUNISME ET DROIT DIVIN

Après avoir montré dans les chapitres précédents l'amour et le respect du peuple pour la Monarchie, cherchons à étudier quel est l'esprit qui anime la France moderne. La première impression que l'on éprouve à son contact, c'est la reconnaissance d'une indifférence coupable envers la Religion et la Royauté. Non contente des dures leçons que lui a infligées la Divinité durant ce siècle, elle persiste à nier la puissance de Dieu sur les Empires. Courant de gaîté de cœur au devant de l'abîme qui s'ouvre sous ses pas, la société moderne veut se donner une croyance égale à sa décadence et élever un pouvoir élastique protégeant ses menées ténébreuses. Elle raille le Catholicisme et veut proscrire ses saintes institutions. Contrairement à tous les peuples qui acceptaient une religion, les sceptiques du jour n'en admettent aucune, et voudraient retourner à la déesse Raison. Ils contestent au Christ sa divinité et veulent enseigner que la religion chrétienne n'a que le mérite d'être plus parfaite que celle que Mahomet donne à ses sectateurs. Ils ne veulent pas reconnaître un gouvernement héréditaire, mais acceptent un pouvoir communiste. Ils ont oublié, les insensés, ces belles paroles que Me Marie leur adressait à la Tribune : « *Avec le communisme, il n'y a ni moralité, ni liberté ; sans la famille, on peut bien encore tenir au pays par l'esprit, par la pensée ; on n'y tient plus par le cœur : et c'est dans le cœur qu'est la source du vrai, du grand patriotisme.* »

Que veulent-ils donc : la ruine certaine du pays et
la suppresion de la famille. Voilà leurs théories et leurs
croyances ; ils cherchent a rayer d'un coup de plume
ces deux mots : Religion et Royauté. Ils voudraient
corriger les desseins de Dieu, et, profitant d'une con-
fusion passagère, provoquée par leurs écrits et leurs
discours, escalader le pouvoir et se gorger d'or. Ils
stimulent leurs adeptes pour arriver à leurs fins ténébreuses. Ils marchent à pas de géant vers un avenir
impossible, foulant aux pieds le passé glorieux de nos
rois ; oubliant qu'une vieille et honorable roture vaut
mieux qu'une noblesse d'hier, si elle ne repose pas sur
l'honneur et la vertu. Ils font miroiter un gouvernement populaire aux yeux de la nation, ne s'aperce-
vant pas qu'ils auraient fondé un pouvoir de compromis, et qu'ils suivraient une fausse voie à mesure
qu'ils s'éloigneraient du jour de leur triomphe. Pouvoir
qui ne tarderait pas à sombrer, entraînant après lui les
plus terribles représailles, car l'on verrait de nouveau
la Montagne frapper aveuglement les Girondins.

Communistes et Socialistes, se donnant alors la main,
proclameraient le peuple roi ; usurpant ainsi le nom
et les attributions de leur victime. Le peuple, jaloux
alors d'une autorité qu'il ne conserverait que quelques
jours, frapperait tout ce qui lui ferait obstacle, et sa
colère se déchaînerait sur tout ce qui est noble et grand.
Des cachots à l'air infect et meurtrier s'ouvriraient pour
abriter toute une noblesse d'épée et de robe. Victimes
dont les seuls crimes seraient d'avoir aimé le roi et la
France. Sa colère grandirait avec les obstacles et la
mort ne frapperait plus assez vite, tellement sa haine
aurait hâte d'être assouvie. Des juges seraient refusés
à ceux qui naguère étaient les dépositaires de la jus-

tice et de la force. Maître absolu du pouvoir en ces
jours de deuil national, le peuple serait incapable d'en
assurer une exécution impartiale, sa mission ici-bas
n'ayant pas été définie par la Providence pour qu'il
pût exercer la souveraine puissance. Nul ne peut donc
être que coupable quand il se substitue à l'autorité
royale. Malgré sa victoire éphémère, le p euple demeu-
rera tel et quel que Dieu le créa. On pourrait lui ap-
pliquer ce vers du poète :

« C'est après la victoire un homme qui se venge,
« Le siècle en a menti : jamais l'homme ne change,
« Toujours victime ou bourreau.

C'est donc un fait acquis et certain que, malgré sa
victoire, le Radicalisme ne pourra faire triompher ses
convictions et substituer ses principes athées aux pré-
ceptes divins de l'Evangile. La parole de Dieu ne sera
pas vaine, il soutiendra son église contre tous et la dirigera dans la vraie voie. Quant au peuple, ses efforts
seront impuissants pour détruire la religion et la royauté. Novateurs d'une nouvelle croyance, les libres-pen-
seurs nient Dieu, et acceptent les théories et les principes menteurs du siècle. Avec leur religion, l'homme
doit naître, vivre et mourir sans crainte ni espérance
pour le lendemain. Mécanique vivante, il lui faut man-
ger pour exister, produire et créer pour ses besoins matériels. C'est la religion d'Epicure présentée sous un
nom différent. Elle n'admet pas que, quittant son
enveloppe terrestre, l'homme ait à comparaître devant
un juge impartial et juste, où nul, appelé en témoigna-
ge, puisse faire absoudre ou condamner. En admettant
ces principes, l'homme n'aurait plus aucun frein pour
le contenir. Abandonné à lui-même et à ses passions,

il ne craindrait plus la rigueur des lois ; et défiant Dieu
au jour où il descendrait dans la tombe, sa vie n'aurait
été qu'un tissu de blasphèmes et d'orgies. Retournant
à son point de départ, la société rentrerait de nouveau
dans la période des lois de nature : lois naturelles à
l'homme au 4me âge du monde, et que l'antiquité
païenne appela l'âge d'or.

La libre pensée : c'est par cette porte qu'ap-
paraissent chaque jour les fauteurs du désordre religieux ; c'est par cette porte que glisse cette clarté né-
buleuse qui, loin de vivifier et relever les forces de la
nation, la plonge dans un marasme coupable, dans
une léthargie mortelle. Créé par Dieu à son image et
complété par un souffle divin, l'homme a besoin pour
exister selon sa nature d'obéir aux ordres de Dieu et
de suivre ses commandements. Ce n'est donc qu'en de-
meurant tels que la divinité nous créa et en suivant
ses maximes que nous pourrons jouir des bienfaits in-
napréciables d'une paix que nous cherchons en vain
ailleurs.

C'est donc par l'unité des saintes croyances, par le
respect des lois, la proscription des fausses doctrines
que nous trouverons la force morale, et procéderons à
la régénération de la société et de la religion. De la
société dont les mœurs dégradées l'auront bientôt ré-
duite à l'impuissance.

Influence du Droit Divin

SUR LES EMPIRES

Nil novi sub sole !
Rien de nouveau sous le soleil !

(SALOMON.)

Qui donc a pu oublier cette parole si vraie et si
juste de Fénélon « *L'homme s'agite et Dieu le mène* »
résumé court et succint de l'intervention divine dans
la succession des empires ? Du jour où il fût tiré du
néant, le monde a vu ses institutions, ses gouvernements et ses religions coopérer à la reconnaissance
de l'être suprême ; de Dieu qui dirige la marche des
nations et préside à leurs destinées. Tous les grands actes politiques et religieux de l'antiquité et du moyen
âge ont concouru à définir cette action surnaturelle qui
pousse tous les peuples à l'unité des croyances, à la
prépondérance de la foi entre les rapports matériels
et politiques des nations. Chez tous les peuples à quelque degré de barbarie sauvage ou de superstitieuses
croyances qu'ils soient descendus, l'histoire nous apprend que, dans ce chaos d'erreurs absurdes, l'on dis-
tingue et l'on reconnait le principe d'une croyance uni-
que et primitive. Chaque peuple, chaque religion, dans
leurs fictions plus ou moins dérisoires ou imagées, acceptent et proclament l'existence d'un être suprême, à
la puissance duquel tout obéit. Changeant de figure ou
de nom selon le temps ou l'ignorance des peuples, ce
principe souverain et éternel s'impose à tous, et chaque époque le nomme la *pierre angulaire* sur laquelle les empires établissent leur puissance. Nécessité de
la foi ; établie sur l'impuissance pour l'homme de le

rejetter. N'avons-nous pas de nos jours vu le plus
grand ennemi de l'humanité courber le front devant
cette vérité :

Robespierre croyait à Dieu.

C'est donc le droit divin qui a successivement élevé
ou détruit les Empires ; c'est l'intervention divine. Parmi les époques que nous allons étudier, je me borne-
rai seulement à choisir les exemples suivants, pris à
différentes époques de l'histoire. Quand, pressés autour de son lit de mort, les généraux d'Alexandre le
Grand lui demandaient à qui reviendrait la couronne,
le vainqueur de Darius leur répondit par ces trois mots
à jamais célèbres : *Au plus digne* ; ce fût le signal des
guerres qui ensanglantèrent la Macédoine et les pays
conquis par le vainqueur d'Arbelles. Libres aussi désormais de prétendre au premier rang, tous les généraux, après s'être partagé cet empire immense, cher-
chèrent à réunir en une seule main ces vastes conquêtes
et luttèrent successivement les uns contre les autres,
espérant obtenir par un combat décisif la souveraine
puissance. Vaine erreur, tous disparurent emportés par
la trahison ou victimes de leur imprévoyance ; et cet
Empire qui aurait duré des siècles dans la main d'un
seul homme, devenu éphémère par le partage, n'eut
plus que ses premières limites. Dénouement fatal où
conduit inévitablement l'ambition d'un chef qui étend
au loin sa puissance et dont l'œuvre ne peut lui survi-
vre, entraîné à sa ruine par les luttes intestines des
factions. Tels furent dans les temps anciens les bouleversements sociaux qui détruisaient la vie politique
d'un peuple et en faisaient la province asservie d'un
vainqueur téméraire, mais toujours heureux.

Quand au deuxième exemple, c'est facile de recon-

naître la main de Dieu châtiant le grand empereur romain, ce César orgueilleux qui voulait lutter contre sa
puissance. Quand ce dernier conçut le hardi projet de
renverser la République Romaine, il chercha à rallier
à son parti tout ce que la haute aristocratie comptait de
moins recommandable. Il rompit tout-à-coup avec les
usages reçus jusqu'à ce jour et appela à lui tous les
consuls, tribuns où chevaliers qui ne possédaient plus
que le nom que leur avait légué leurs pères, après avoir
dissipé dans leurs orgies leurs immenses patrimoines.
César n'hésite pas alors de lever l'étendard de la révolte
et, entourant ses aspirations à la souveraine puissance
du prestige que lui donnaient ses récentes victoires, il
s'éleva au dessus de tous. Son ambition dépassant bientôt ses espérances, il ne pût plus souffrir d'égal ; deux
hommes apparurent alors sur la scène du monde, pour-
suivant l'un et l'autre le même but ; ils luttent avec
acharnement, vaincus tour à tour dans plusieurs com-
bats, ils n'osent mesurer l'abîme creusé sous leurs pas,
et, implacables dans leur colère, ils brisent tout sur
leur passage, jusqu'au jour où César, vainqueur de
Pompée, se fait nommer dictateur. Au lendemain de
son triomple, César annonce au peuple épouvanté son
avènement à la toute puissance par des listes de proscription. Nommé prince de la République, il pille à son
profit le trésor public. L'on vit alors, dans les jours
d'orgie et de colère, les uns monter au Capitole et les
autres dirigés vers la roche Tarpéienne. Désormais
maître tout puissant, César couronne ses folies en se
faisant proclamer Dieu, et en élevant des autels à sa
divinité. Il s'attache le Sénat en le peuplant d'esclaves
et conquiert la faveur du peuple en lui prodiguant du
pain et des jeux : *Panem et Circenses*.

Désormais maître tout puissant du pouvoir, et chef d'un peuple esclave de ses volontés, il dispose à son gré de la vie de plusieurs millions de citoyens Romains. Il peut dès ce jour déclarer la guerre pour étendre ses conquêtes et assouvir son ambition. Il parle, et chacun obéit et flatte ses moindres caprices. Dès ce jour-là, le Sénat et le peuple Romain disparaissent pour ne laisser entrevoir qu'un maître plus puissant que les Dieux : l'âme de l'empire, CESAR IMPERATOR. Mais les conséquences logiques de ce bouleversement social sont d'apprendre au peuple Romain que désormais la République est à l'encan, et que chacun peut prétendre à être nommé dictateur, s'il possède les qualités nécessaires pour escalader les marches du trône, devenu désormais l'héritage des audacieux et des mécontents. César, tombant sous les coups des factieux, lègue aux Romains la guerre civile ; conséquences qu'entraînent toujours avec elles l'ambition et l'insoumission à l'autorité légitime et divine. Tels sont les deux grands exemples que nous fournit l'antiquité. Parcourons maintenant l'histoire contemporaine, nous y trouverons de grandes leçons ; nous reconnaîtrons que les maux qui nous menacent aujourd'hui en sont les conséquences. Non content d'avoir renversé la Royauté et la Religion, la Gironde et la Montagne décrétèrent la mort du roi et ornèrent nos lieux publics de l'image infâme de la déesse Raison. Saintes croyances et autorité royale disparurent sous la hache du boureau, condamnées par le cynisme révoltant des athées et des indifférents.

Dispersés comme un vil troupeau et chassés de la mère-patrie, la noblesse et le clergé trouvèrent un abri chez l'étranger. Et quoique abandonnée à elle-même, la France lutte avec énergie contre ses envahisseurs;

Toujours protégée de Dieu, malgré ses crimes et ses folies, la nation fût toujours victorieuse. Hoche et Pichegru défendent le Rhin et le futur vainqueur d'Austerlitz chasse les Anglais de Toulon. La France surmontait tous les obstacles parce que Dieu n'a pas encore prescrit sa ruine. Voyons maintenant le rôle joué par Bonaparte entre les mains du Seigneur.

Quand le Directoire et plus tard l'Empire, eurent achevé et consolidé les conquêtes de la République, entreprises par la puissance et la fermeté du Comité de Salut Public, la France arriva à son apogée de gloire militaire et de conquêtes ; mais, laissant de côté le droit divin et ne voulant qu'un chef choisi par elle, la nation devint la proie d'un ambitieux, et celui qui gouvernait par la volonté du peuple substitua sa propre autorité au pouvoir populaire. Obligé, pour consolider ses conquêtes et assurer sa suprématie, de jeter en pâture quelques lambeaux de terre à ses créatures, Bonaparte distribue à ses frères et à ses généraux plusieurs couronnes. Murat eut le royaume de Naples, Joseph l'Espagne, et Bernadotte la Suède.

Au lendemain de ces partages, l'ange de la destruction se dressa de nouveau sur l'Europe épouvantée. Enfermés dans leurs capitales, tous ces rois improvisés ne recherchèrent que les plaisirs et les fêtes, indifférents à asseoir sur le trône de nos rois la dynastie impériale ; et quand, de nouveau harcelé par les coalisés, le chef de ces rois d'emprunt leur ordonna de venir se ranger sous ses drapeaux, tous hésitèrent ; donnant alors le signal de nos désastres et emportés par nos défaites, ils ne purent, malgré leurs efforts, ressaisir ce pouvoir qui fuyait, et l'invasion vit disparaître leur fortune et leur puissance ; après la catastrophe finale de

Waterloo, la route de l'exil, seule, leur fut ouverte. Traqué comme une bête fauve, obligé de fuir en Angleterre, Napoléon se réfugie au bord du *Bellerophon* et se voit forcé d'implorer l'assistance du pavillon Anglais, lui, ce génie incomparable, qui, vainqueur sur tous les champs de bataille de l'Europe, avait dicté des lois au monde et gravé son nom immortel sur le granit des Pyramides. Redoutable même dans sa faiblesse et son abandon, il devient un homme dangereux qu'il faut garder à vue et qu'une simple prison d'Etat est impuissante à contenir. Ne pouvant revendiquer l'héritage de ses pères, ni convaincre l'Angleterre du droit qu'il possède à la couronne impériale de France, on le traite en usurpateur, et, confié à l'homme le plus impitoyable des Royaumes Unis, il va finir ses jours sur un rocher aride semé au milieu de l'Océan.

Tel fut le sort du plus grand capitaine des temps modernes; de ce héros qui, s'élevant par son propre génie jusqu'à la souveraine puissance, avait porté atteinte, par ses actes et son ambition, à l'autorité divine et voulait, dans son fol orgueil, renverser et détruire la légitimité de nos races royales. Comme César, il fut victime de ses créatures, autorisant, par son exemple, l'ambition à tout briser sous elle et léguant à la France les guerres civiles. Si toutefois la révolution de 93 nous a donné quelques grands principes d'égalité et détruit beaucoup d'abus et de privilèges; si elle a aidé le génie et la science à s'élever de leur propre essor au-dessus du niveau commun, elle nous a valu néanmoins de subir les conséquences funestes de l'ambition de ceux que leur audace et leur intelligence ont mis à même de dominer la foule et de lui faire subir le despotisme de leur génie.

La désastreuse guerre de 1870 nous a fourni plusieurs exemples de cette vérité. Car, dans ces jours de deuil national, les discours du trop célèbre proconsul, ni la proclamation du gouverneur de Paris : « *Je ne rentrerai que mort ou victorieux,* » ne purent relever nos soldats démoralisés et abattus, ni assurer la moindre victoire à un million de citoyens levés pour la défense de la patrie. On doit reconnaître aujourd'hui que la force primant le droit est le pivot sur lequel s'appuient l'ambition et les coups d'Etat.

Ainsi tel est le triste exemple que celui qui est en droit le chef de nos maisons royales montre aujourd'hui à l'Europe muette. Le comte de Chambord, chassé de sa patrie, assiste, dans l'exil, aux luttes acharnées dont les apôtres de la démagogie désolent notre pays, sans se faire scrupule, au besoin, malgré leurs grands mots de liberté et d'indépendance, de verser le plus pur sang français. Conséquence logique de la grande révolution ! Tous cherchent à accaparer le pouvoir et à se gorger d'or, devant, s'il le faut, comme le héros du 2 décembre, chercher dans la fuite une facile impunité. Acteurs impuissants et incapables, ils mettront, au lendemain de leur chûte, une barrière infranchissable entre eux et leur victime. Ils iront assister aux fêtes populaires du Nouveau Monde, et acheter à beaux deniers comptants leur repos et leur considération. Ils suivront de loin le réveil d'une populace égarée par leurs discours, et riches et opulents désormais par les dépouilles arrachées à la France, ils laisseront à d'autres le lourd fardeau de la réorganisation, ne léguant à leurs successeurs, qui travailleront avec énergie et probité à réparer les ruines causées par leurs crimes et

leurs rapines, que le sévère contrôle d'un peuple devenu méfiant et incrédule.

Au jour où les Cluseret, les Pyat et les Rossel seront
retournés à leur point de départ, cette populace dont
ils étaient les idoles, rougira d'avoir été si crédule et
si ignorante. Mais il sera trop tard, les événements et
les crimes se seront succédés avec une rapidité si ver-
tigineuse que l'histoire aura enregistré la révolution
de 1871.

Il ne restera plus à la France que de pleurer la mort
de ses fils tombés vaillamment pour le salut de la patrie,
et de maudire la mémoire des exaltés qui furent les ins-
tigateurs de ces désordres. L'histoire conservera le nom
de ceux qui, formant le Comité de Salut Public, sié-
gèrent à l'Hôtel de Ville. Elle apprendra à la postérité
que ce fût par les ordres de ces forcenés que la grande
ville, la capitale du monde, vit ses monuments, res-
pectés par le temps, réduits en cendre ; toutes les ri-
chesses amassées par nos rois dans nos palais, disper-
sées ou brisées par ces hordes de forcenés.

PASSÉ ET AVENIR

Elle n'a été vaincue qu'une fois loyalement et par la force des armes, celle qui présida au sort des nations ; elle tomba après avoir combattu vaillamment et fait trembler maintefois son adversaire redoutable. Elle ne dut sa défaite qu'à la faiblesse que montra son chef en épargnant Dijon ; si Vercingétorix fût demeuré inflexible et eût exécuté son plan de campagne, jamais les légions romaines n'auraient pu subjuger ces peuples indomptables qui furent nos pères. Cependant celui qui réduisit la Gaule et l'asservit, a été le plus grand capitaine des temps anciens et modernes. Être vaincus par César est presque de la gloire pour ces peuples malheureux. Là du moins l'histoire n'a pas eu à enregistrer la trahison des généraux Gaulois, et les Romains victorieux contre leur attente, reconnurent ne devoir la victoire qu'à l'amour que portait Vercingétorix envers sa patrie. Faiblesse excusable au point de vue de l'humanité qui est l'ennemie de la destruction. Mais aujourd'hui livrée par la trahison à un ennemi dur et orgueilleux, il est puéril de prendre au sérieux les avantages passagers qui ont fait triompher les armées germaniques. Car malgré leurs dernières victoires, Messieurs de Bismarck et de Molkte ne doivent pas ignorer quels sont les véritables vainqueurs de la France, et que leur tactique et leur génie militaire sont bien peu de chose comparés à l'habileté et à la science des armes que montrèrent César, le seul que la France reconnaisse comme son vainqueur, et Napoléon qui sut maintefois leur infliger de ces échecs dont le souvenir sera éternel dans leurs palais et leurs chaumières. Que la France ne désespère donc point et que les leçons du passé lui servent de consolation. Que désormais le peuple ne tremble plus au souvenir de Sédan et de la chûte de Paris, qu'il réponde au roi Guillaume qu'un pays belliqueux et aussi riche que la France peut bien quelquefois subir des échecs passagers et terribles ; mais que toujours sûre de la valeur de ses enfants, elle envisage l'avenir sans crainte ni méfiance. Elle est indifférente aux désastres actuels, car elle a lu dans son histoire la grandeur de Charlemagne, les défaites de Charles VII, les guerres civiles des Guises, la splendeur du grand roi et les marches triomphales en Allemagne du grand empereur. Son histoire lui a appris qu'à la tempête succède le calme des événements ; que la chance des armes varie et que nos généraux pourraient encore faire retentir sur la capitale orgueilleuse d'outre-Rhin les paroles immortelles que Brennus adressait au Sénat Romain : *Væ victis*, malheur aux vaincus !

Que la France marche donc dès aujourd'hui dans la voie que lui ouvre l'avenir avec assurance et tranquillité. Le Rhin n'est point éloigné de nos frontières, et sur ses rives dorment encore, attendant notre passage, les vieux soldats de Louis XIV.

Descendants du Béarnais et de Louis XVI, attendez en repos que la volonté divine ait parlé aux peuples par l'exécution de ses desseins éternels. Rien ne pourra en arrêter l'accomplissement, et s'il permet aujourd'hui que le droit et la justice soient méconnus, c'est pour que bientôt les attributs de la divinité soient acclamés avec tout l'enthousiasme et la grandeur qui leur est nécessaire.

Rien ici-bas ne s'accomplit sans la volonté de l'Éternel, et s'il permit la destruction de Jérusalem, les persécutions exercées contre son Église, le règne des anti-Papes, les schismes qui déchirent aujourd'hui la Religion, c'est que tout avait été ordonné dans son amour pour son peuple, et que toujours la paix et la concorde ont succédé à ces ères de persécution et de bouleversements sociaux. Si le brin d'herbe ne périt et ne se dessèche que par sa volonté, combien il est donc incontestable que son appui pour l'Église et la grandeur successive de certains peuples ne soient assujettis et subordonnés aux fins qu'il s'était proposées. France, aie donc confiance en l'Éternel, tu n'as dû tes derniers désastres et la rançon qui t'écrase qu'à la volonté de Dieu. Incrédule et athée, tu avais méconnu les ministres du supplicié du Calvaire en lui reprochant sa mort ignominieuse et lui contestant sa puissance. Tu avais jeté aux quatre vents de l'univers le mot de ralliement de Voltaire : *Écrasons l'infâme* ; la main de Dieu s'est alors appesantie sur toi en te retirant son appui et en t'abandonnant à toi-même. C'est alors que, terribles représailles, la divinité, accumulant les maux sur ta tête t'a écrasée de son souffle. Tes épargnes ont disparu, ton territoire s'est morcellé, une haine méchante s'est glissée parmis tes enfants, et Dieu seul connait encore les maux qui te sont réservés. Mais après la punition que tu peux encore éviter par ton repentir, la clémence descendra de nouveau sur le peuple. Nouveau Cyrus, un de tes enfants te précèdera dans la régénération du royaume et, imitant la valeur de l'héroïne de Domremy, marchera en triomphateur, préparant les voies que doit parcourir l'élu du Seigneur et de la patrie. Alors retentira de nouveau ce cri de guerre au bruit duquel l'ancienne monarchie annonçait ses victoires : *Mont-Joie et St-Denis,* mot de ralliement immortel, que tous les peuples entendirent aux couvrefeux qui succédèrent aux journées de Bouvines et de Rocroi.

Flottant toujours victorieux à l'étranger, l'étendard aux fleurs de lys parcourut les routes étrangères sous des couleurs différentes. L'Asie trembla à St-Jean-d'Acre à la vue de l'étendard écarlate de St Louis. François Ier parcourut victorieux l'Italie, déployant le bleu azuré de ses couleurs nationales, tandis qu'Henri IV faisait craindre et respecter la blancheur de son panache et de ses guidons. Réunies en une seule bannière, les trois couleurs de nos races royales ont flotté victorieuses au Kremlin et au sommet des Pyramides. A l'étroit sur les champs de bataille de l'Europe, elle volèrent au loin remplacer l'oriflamme de St-Louis. Elles saluèrent à plusieurs siècles de distance les St-Lieux et recouvrirent de l'éclat de leurs couleurs les vaillants chevaliers tombés sur cette terre étrangère pour le salut de la Religion et la gloire de la France. Redevenue le patrimoine de ses anciens maîtres, la France, sous leur direction, ne faiblira pas à la grande mission qui lui est confiée. Chassant de son sein tous ceux qui arrêteraient, par leurs écrits et leurs paroles, la marche tracée aujourd'hui par les vœux du pays, marche que le roi veut suivre pour lui donner le plus grand gage de son amour, la France retrouvera alors dans sa soumission au droit divin, cette force morale qui l'avait abandonnée. Les peuples voisins renoueront plus étroitement que par le passé leurs

liens d'amitié. Et le jour où, de nouveau menacée par
un ennemi redoutable, elle appellera à elle ses enfants
et un allié, tous accourront se ranger sous ses drapeaux
et lui tendre une main amie et sincère. Elle devra cette
force et cette résurrection politique à l'entente des partis désunis jusqu'aujourd'hui, au roi qui recherchera
d'abord le bonheur de la France, ne plaçant pas sa
personne au-dessus du bien public. Tous apporteront
leurs lumières et leurs vieilles expériences ; sûr d'être
obéi alors aveuglement, le roi dirigera sûrement les
forces vitales de la nation. A l'ambition aura succédé
la légitimité, et aux proconsuls de l'anarchie, les dépositaires du droit divin. Soutenu alors par une force
surhumaine, marchant sûrement dans la voie tracée
par les besoins du peuple, le nouveau pouvoir étonnera
le monde, et le pays retrouvera le calme et la fortune
publique si nécessaire à sa grandeur.

Au jour marqué par la divinité pour le triomphe de
son Eglise et le rétablissement de la royauté , rien ne
pourra lui faire obstacle ni en retarder la volonté. Ni
l'influence des grands, ni l'opposition de quelque côté
quelle vienne, ni la fusion des partis, ni la voix du
peuple réclamant sa souveraineté, rien, dis-je, ne fera
dévier ni suspendre les fins de ces évènements impré-
vus, car Dieu aura parlé, sa parole et sa volonté sont
une et éternelle. Qui pourrait lutter contre celui qui
commande aux flots de l'océan, et règle la course va-
gabonde des astres, personne ! Nul doute qu'ils ne
pussent, ces puissants de la terre, dévier de leurs lits
ces fleuves immenses qui sillonnent le sol , mais ils ne
pourraient nullement les faire remonter vers leurs
sources. Espérez donc et attendez avec calme et tranquillité que Dieu ait parlé, et que le triomphe du droit

et de la justice ait manifesté à tous sa volonté divine ; que tous dès aujourd'hui, à quelque niveau social qu'ils soient placés, remplissent le devoir que la société leur impose. Devant toujours, dépositaires du pouvoir légal, le servir avec zèle et placer au dessus de toute ambition le salut de la société, désignés par Dieu seul pour commander à d'autres hommes, ils reconnaissent divin le mandat dont ils sont revêtus, par le serment qu'on leur demande et qu'on exige malgré leur notoire honorabilité.

Confiance donc, défenseurs du trône et de l'autel ; la main du Tout Puissant est suspendue sur la société la dirigeant selon ses vues, et n'attendant pour punir ou pardonner, que les ténèbres de l'erreur et de l'insoumission soient dissipées. Champions infatigables de la vérité, nous ne devons pas cependant attendre dans une indifférence coupable l'exécution des volontés divines. Nous devons par notre zèle et notre concours constant aider et hâter cette reconnaissance du droit, mettre un terme à cette indifférence religieuse qui est la source de tous nos maux. A nous vaillants athlètes à mettre en pratique l'axiome du grand fabuliste : *Aide-toi et le Ciel t'aidera.*

A l'œuvre donc, hommes d'ordre et de religion, des bras sont tendus vers vous, implorant votre appui et votre concours ; de cette lutte opiniâtre et suprême doit sortir le triomphe de deux principes : la reconnaisance de la royauté dans la personne de son représentant ici-bas : Henri de Bourbon, roi de France ; de l'Eglise, dont le chef visible est captif, et au secours duquel Dieu envoie toujours un de ses fils bien-aimé, de cette Église qu'un grand conquérant persécutait dans l'antiquité, et qu'au jour de la clémence Dieu choisissait pour son plus ardent défenseur, Constantin le Grand, à qui Dieu montra l'arbre de la Rédemption en lui assurant la victoire par ces mots : « *in hoc signo vinces* : tu vaincras par ce signe : » C'est donc par la croix que nous triompherons de tous les obstacles, car c'est en elle que réside le grand, le beau et la force des nations ; c'est elle qui sur un signe élève ou abaisse, fonde ou détruit les empires et les sociétés ; c'est le divin maître expirant sur la croix qui arrête le tyran en le rappelant à lui, malgré sa grandeur et le nombre de ses soldats. C'est lui qui jadis détruisit l'armée de Sennacherib, et coucha sous des linceuls de glace et de neige les héros du premier empire, c'est encore lui qui sur la route de Damas précipita dans la poussière le grand apôtre, et lui ordonna d'aimer et de défendre désormais ceux que sa haine allait livrer aux supplices ; rien ne pourra donc, si Dieu l'ordonne, retarder l'avènement du roi, dussions-nous y souscrire par l'accumulation des maux dont l'Eternel nous accablerait, et que nous ne sanctionnions alors par une acceptation trop tardive ce que, dès aujourd'hui, les amis de l'ordre demandent à grand cris, et que la haine seule de certaines personnalités envers la religion et la royauté éloignent de nous. Ainsi point de faiblesse, que les vrais amis de l'ordre et de la sécurité demeurent inébranlables et inflexibles à leurs postes de combat, et nul doute que le jour de la délivrance ne brille bientôt, et que le peuple n'acclame avec enthousiasme le proscrit qui veille de loin sur nous et qui n'attend que notre soumission, pour rendre à la France la gloire et le prestige dont elle brillait sous ses ancêtres.

DIEUDONNÉ GIRARD.

Grasse, décembre 1874.